霸 道

[英]亚尼内·阿莫斯/著　[英]格温·格林/绘　贾洪宝/译

知识产权出版社
全国百佳图书出版单位

迈尔斯的故事

　　迈尔斯正在参加足球比赛。比赛马上就要结束了,可他们球队的比分落后。就在这个时候,迈尔斯看到了机会,他慌忙跑过去拦截,抢到了球。迈尔斯知道,自己做得棒极了,他十分得意。

"嘟——！"哨声响了。迈尔斯吃惊地停了下来。

"犯规！"老师喊着跑了过来，"罚任意球！"

"我没犯规！"迈尔斯恳切地说。

"别争了，迈尔斯，"老师气呼呼地大声说道，"不然我罚你下场！"

迈尔斯垂下了脑袋。"每次比赛，老师都会因为一点儿小事就训斥我，这不公平。"他这样想着，眼里充满了泪水。

比赛结束了,男孩们冲进更衣室,脱掉了球衣,争着去冲洗。
"杰克老师总是找我的茬儿。"迈尔斯不满地说。
"唉,别抱怨了,"另一个孩子说,"忘了这件事吧。"
但迈尔斯忘不了,他使劲地拉开了衣柜。

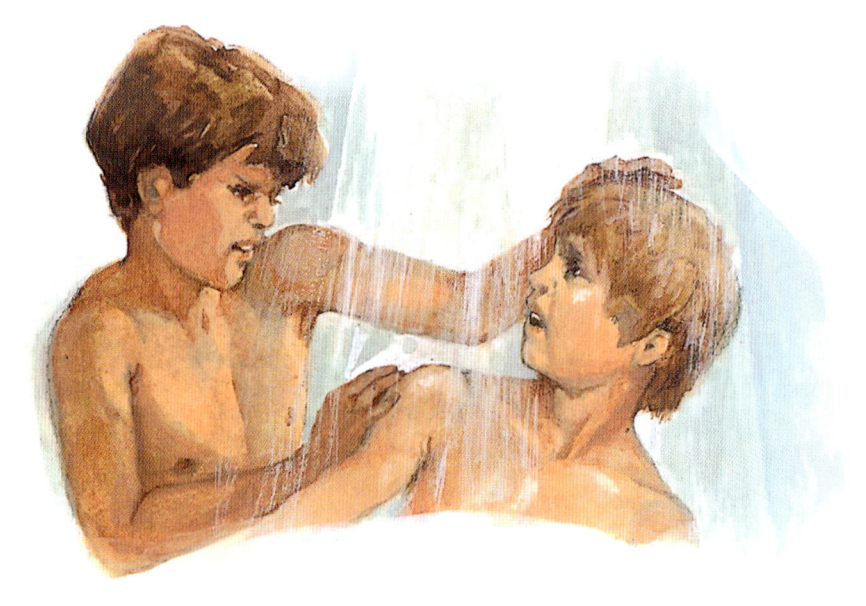

迈尔斯抓着毛巾走进浴室,看到所有的喷头下面都站着人,这让他更恼火了。

他走到一个小男孩身边,大声嚷道:"走开!"说完,他还使劲推了那个男孩一把。

小男孩吓了一跳,膝盖碰到了墙上,磕得很重。

　　现在,迈尔斯感觉更糟了,他本来没打算使那么大的劲的。迈尔斯把水龙头开到最大,让水流猛冲自己的头。

　　"早点儿放学吧!早点儿结束这倒霉的一天!"他自言自语。

　　迈尔斯穿衣服的时候,罗比走了过来。罗比比迈尔斯大几岁,是球队里的头号射手。

　　"嗨!"迈尔斯笑着跟罗比打招呼,他特别喜欢罗比。

　　"那个小男孩在哭,"罗比说,"你怎么能那样对待他呢?"

　　迈尔斯的脸涨得通红。

迈尔斯把球赛的事告诉了罗比。"杰克老师真够气人的，"他说，"每次都这样，总跟我过不去——这不公平。"

"那并不代表你也能跟别人过不去。"罗比对迈尔斯说。

"所有的事要做到百分之百公平是不可能的,"罗比接着说,"但这不是你能欺负别人的借口。"

"我知道。"迈尔斯小声说。

罗比朝他笑笑:"你应当把杰克老师的事告诉你的爸爸妈妈。如果杰克老师真的是在找你的茬儿,你的爸爸妈妈知道该怎么办。"

　　罗比等着迈尔斯收拾书包,这时候迈尔斯还在想着杰克老师的事。

　　"杰克老师真不讲理,"迈尔斯终于说,"他把我气得也不讲理了。"

　　"说不定是因为有人对他蛮不讲理呢。"罗比说。

　　"这不是理由!"迈尔斯说。

　　"太对了!"罗比哈哈大笑。

　　"我会向那个孩子道歉的。"迈尔斯说。

　　"太棒了!"罗比说完,和迈尔斯一起走出了更衣室。

想一想

你曾经像迈尔斯那样横行霸道过吗？你曾经因为生气而去欺负比自己弱小的人吗？不论你是因为什么而气愤、烦恼，都不应该将这种情绪发泄到别人身上，更没有理由去伤害别人。

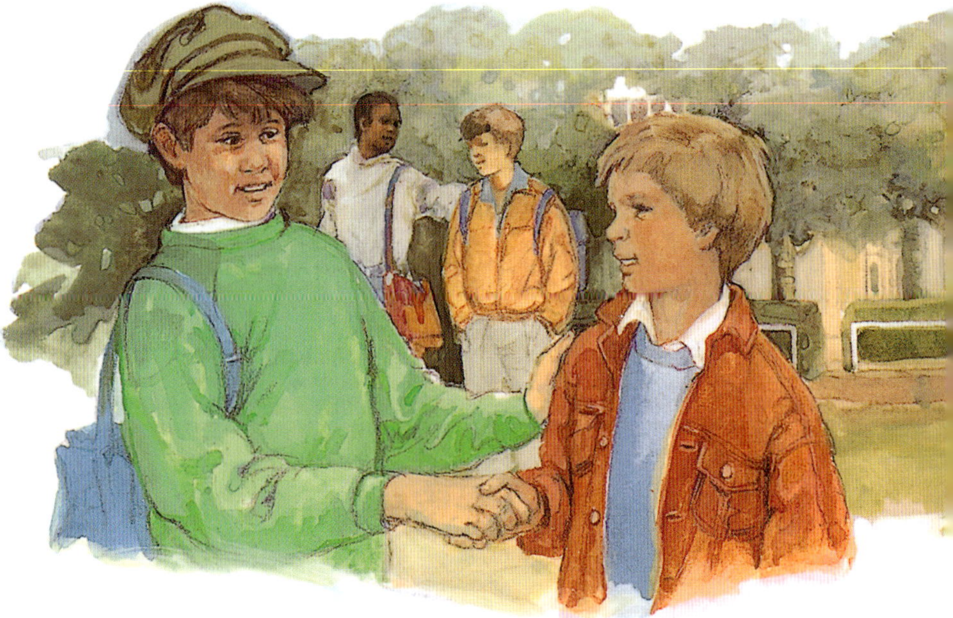

如果受到了欺负,你应该勇敢地表达自己的想法,把真相告诉信任的人,积极寻找制止这种霸道行为的方法。

莎伦的故事

莎伦无聊地坐在学校的围墙边上,用脚使劲地踢着石头。

艾梅和林赛站在离她不远的地方。

"咱们找点儿事干干吧,"林赛说,"我烦透了。"

"等等!"莎伦说,"她来了!"

这时,有个背着大书包的小女孩正穿过操场,她看到莎伦,马上加快了脚步。

"背书包的女孩!背书包的女孩!"莎伦叫着。

小女孩撒腿就跑,可是莎伦追了上来。

"你的包里装了什么呢?皇冠上的宝石吗?"莎伦恶狠狠地说着,一把抓住了小女孩。

　　小女孩搂紧书包,眼里充满了泪水,她朝四周望去,希望有人能帮帮自己。

　　"'爱哭鬼'!"莎伦大声叫着,抢走了小女孩的书包。

　　"接住!"莎伦一边喊一边把书包扔给了林赛,林赛接住后又传给了艾梅。书包被传了一圈又一圈,最后被莎伦摔在了地上,滚进了泥坑。

　　小女孩弯腰拾起书包,上面已经沾满了泥。

小女孩蹲在地上大哭起来。

莎伦低头看了看小女孩。"快滚开！"莎伦威胁道。她觉得自己十分强大，丝毫不觉得惭愧。

中午，赖斯老师走进教室。"请过来一下，莎伦。"老师说。

莎伦叹了一口气。"又要挨训了。"她想。但是莎伦想错了，赖斯老师并没有训斥她，而是把她带到校园旁边的一块空地上。

"我想请你帮忙，莎伦。"老师说，"我要建一座野生动物园，里面有一个池塘……"

　　第二天下课后,莎伦来到了这块要被开辟为野生动物园的地方。赖斯老师和一些女孩已经在干活了。莎伦也立刻加入进来,她干得十分起劲。不一会儿,她们清除了杂草和烂铁丝。

　　"这不是对你的惩罚,莎伦,"赖斯老师说,"但是你必须终止你的霸道行为。"

　　莎伦假装忙着铲土,其实她在认真听着。

"这些日子你在家里过得不开心,"赖斯老师接着说,"你家里刚刚添了一个小妹妹——她叫埃米——对吗?"

莎伦的脸红了。赖斯老师究竟是怎么知道的呢?

"你一定有一种失落感,觉得埃米抢走了大家对你的爱。"赖斯老师接着说。

"他们都没有时间照顾我。"莎伦说。

"还有我呢——但是,你也得学会照顾自己。"赖斯老师说,"霸道行为会让你觉得自己很强大,但那种得意的感觉不会长久,对吗?"

"是的。"莎伦伤心地回答。

从那以后,莎伦每天都到园地里干活儿,她把挖池塘当作自己要完成的一项大工程。

有一次,她带着几个女孩把三块大石头推进了池塘里。

"这样,青蛙就可以在石头上面跳来跳去了。"莎伦说。

　　春天来了,池塘修好了,看上去十分漂亮。莎伦趴在池塘的边上寻找着小蝌蚪。

　　"总有那么一天,埃米会看到这个池塘,那时,我们就告诉她,这是姐姐修成的!"赖斯老师说。

　　"那真是太好了!"莎伦微笑着说。

想一想

有些人之所以会行为粗暴,是因为他们面临着一些问题,比如孤独、恐惧。莎伦非常幸运,因为赖斯老师发现了她所面对的问题。赖斯老师帮助莎伦学会跟别人合作,而不是跟别人对着干,这使莎伦的心情变好了。想要粗暴对待别人时,你也可以找信任的人谈谈,请他们帮助你寻找一种恰当地体现自我价值的方法。

利的故事

现在是暑假,利和伙伴们在旱冰场上玩。天色晚了,该回家了。

"又是新来的那个家伙!"马丁指着一个小男孩说。

大家看见那个男孩走进了公园。

"咱们去抓住他!"马丁喊了一声。

"噢,别!"利小声说。可是,他看见马丁已经朝那个小男孩跑过去了。

"把你身上的钱给我!"马丁说。

小男孩低着头飞快地朝前跑。

"跟你说话呢!"马丁大叫大嚷。

利的心跳加快了,他讨厌马丁欺负别人。他向四周看了看,希望有人路过这里并阻止马丁,但他更希望自己这时已经回到了家里,并没有看到这件事。

大家看着马丁抓住了那个男孩的夹克衫。

"把钱拿出来,小子!"马丁吼道。

"我身上没钱。"小男孩说。他的嘴唇直哆嗦,尽量不让自己哭出来。

利很担心,他看了看周围的人——大家都没说话。
马丁朝小男孩的胸口狠狠打了一拳。

  正在这时,一辆汽车突然停住,发出刺耳的刹车声。利的妈妈从车上走下来,她满脸通红,非常生气。

  "快住手!"利的妈妈大声喊道。

  孩子们都跑了,包括那个小男孩,只剩下了利。

  "以前发生过这样的事吗?"妈妈问。利点点头。

  "上车吧!"妈妈气狠狠地说,"快点儿!"

  利爬进车,系上安全带。妈妈发动了汽车,她两手紧握方向盘,脸色十分难看。利一句话也不敢说。

他们很快就到家了。利直奔自己的房间。
"站住,利!"妈妈喊道,"我得跟你谈谈。"
利赶紧坐了下来。
"我没想到你是这么野蛮的孩子!"妈妈说,"我真替你感到害羞!"

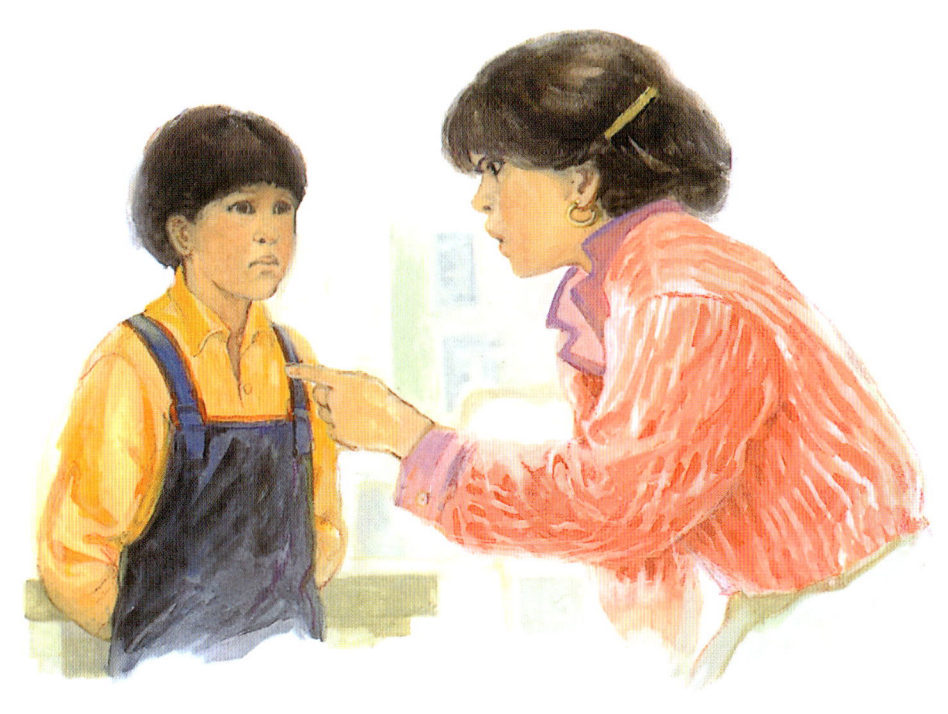

利抬头望着妈妈,很明显,妈妈非常生气。
"那不是我的错!"利说,"是马丁干的,我什么也没干。"
"你没有阻止马丁,就是在和他一起欺负别人。"妈妈说。

妈妈坐到利的身旁,说:"我小时候也受过欺负。"

"怎么回事?"利问。

"有两个女孩骂我,踢我。"妈妈说,"一群女孩站在旁边,但只是看着。我一直希望她们会上来制止,可是她们什么都没做。"

"我想,她们一定也很害怕。"利小声说。

"那些粗暴行为的确叫人害怕。"妈妈说,"但要记住,其他男孩跟你的想法一样,他们也想制止这种行为。如果你们齐心协力制止马丁,那么事情就完全不一样了。"

"今天还有谁看到马丁欺负人?"妈妈问。

"桑迪和约翰在场,他们也不喜欢马丁这么做。"利回答。

"咱们和他俩谈谈吧,"妈妈说,"大家一起想想,下次马丁再欺负人时该怎么办。"

利点了点头。"如果有人帮我,我就敢站出来阻止马丁。"

"那就对了!"妈妈说。

过了一会儿,桑迪和约翰来了。

利的妈妈说:"下次再见到马丁欺负别人时,你们三个要一起阻止他,这是在帮助受欺负的人,也是在帮助你们的朋友马丁,免得他犯更大的错误。"

利、桑迪和约翰一起点了点头。

利不赞成马丁的做法，但他没有尽力去制止，而是在一旁观望，这让利也成了欺负人的一方——使马丁觉得自己更加强大。

如果你的同伴中有喜欢欺负人的人，你应该和其他好朋友谈谈，大家一起来阻止这个人的粗暴行为。如果这么做仍不见效，那就请爸爸妈妈或老师来帮忙吧！

图书在版编目（CIP）数据

霸道 /（英）阿莫斯著；贾洪宝译 . —北京：知识产权出版社，2016.1

（我能管好自己）书名原文：Bully

ISBN 978-7-5130-3319-0

I. ①霸… II. ①阿… ②贾… III. ①品德教育—儿童教育—家庭教育 IV. ① G78

中国版本图书馆 CIP 数据核字 (2015) 第 014724 号

First published in the United Kingdom by Cherrytree Books,2001
Copyright©Evans Brothers Ltd.
This edition published under licence from Pila Books Limited.
This edition is only available for sale in Mainland China.

责任编辑：李　潇　　　　　　　　责任校对：谷　洋
装帧设计：于　静　　　　　　　　责任出版：刘译文

我能管好自己 ⑤
霸　道
［英］亚尼内•阿莫斯 著　　［英］格温•格林 绘
贾洪宝 译

出版发行：	知识产权出版社 有限责任公司	网　　址：	http://www.ipph.cn	
社　　址：	北京市海淀区马甸南村 1 号	邮　　编：	100088	
责编电话：	010-82000860 转 8133	责编邮箱：	elixiao@sina.com	
发行电话：	010-82000860 转 8101/8102	发行传真：	010-82000893/82005070/82000270	
印　　刷：	北京中科印刷有限公司	经　　销：	各大网上书店、新华书店及相关专业书店	
开　　本：	787mm×1092mm　1/16	字　　数：	40 千字	
版　　次：	2016 年 1 月第 1 版	印　　张：	2	
ISBN 978-7-5130-3319-0		印　　次：	2016 年 1 月第 1 次印刷	
京权图字：01-2015-0599		定　　价：	9.00 元	

出版权专有　侵权必究
如有印装质量问题，本社负责调换。